Schott Piano Classics

T0084430

Isaac Albéniz

1860 – 1909

Suite espagnole

für Klavier
for Piano
pour Piano

opus 47

Herausgegeben von / Edited by / Edité par
Lothar Lechner

ED 5068
ISMN 979-0-001-05796-7

www.schott-music.com

Mainz · London · Berlin · Madrid · New York · Paris · Prague · Tokyo · Toronto
© 1996/2011 SCHOTT MUSIC GmbH & Co. KG, Mainz · Printed in Germany

Inhalt / Contents / Contenu

Vorwort

Von der frühesten Kindheit bis zu seiner Niederlassung in Paris im Jahre 1893 führte der 1860 geborene Isaac Albéniz ein unstetes Leben. Ausgedehnte Konzertreisen, die das pianistische Wunderkind bereits im Alter von acht Jahren unternahm, wechselten mit zahlreichen, meist kürzeren Klavier- und Kompositionsstudien in verschiedenen Ländern. Dem ersten wichtigen Unterricht durch A. Fr. Marmontel in Paris (1867) folgte ein kurzer Aufenthalt am Madrider Konservatorium (1869). 1873 studierte Albéniz in Leipzig unter Carl Reinecke, 1877 bei L. Brassin, Fr. A. Gevaert und A. Dupont in Brüssel, bis er schließlich 1880 sein pianistisches Können bei Franz Liszt in Budapest perfektionierte.

Trotz seines großen Erfolges als reisender Klaviervirtuose ist Albéniz' kompositorische Bedeutung höher einzuschätzen als seine pianistische. Wie untrennbar die beiden Schaffensbereiche dennoch verbunden waren, zeigt sich daran, daß die Werke für Klavier solo den weitaus größten Teil seines kompositorischen Schaffens ausmachen. Durch die Aufnahme volkstümlicher Melodien begründete Albéniz mit seinem Klavierwerk einen spanischen Nationalstil. Später schlug er durch den Kontakt mit französischen Komponisten des ausgehenden 19. Jahrhunderts den Bogen von einer anfänglich vorwiegend virtuosen Salonmusik zu einem künstlerisch verfeinerten Stil impressionistischer Farbigkeit.

Die 1886 komponierte erste *Suite espagnole* op. 47 (ihr sollte 1889 eine zweite folgen) ist, wie bereits der Titel nahelegt, dem folkloristisch-national gefärbten Teil seines Schaffens zuzurechnen: Mit seinen acht Tanzsätzen nimmt das Werk musikalisch Bezug auf spanische Städte und Landschaften. Die einzelnen Stücke unterscheiden sich vor allem hinsichtlich der technischen Anforderungen, die sie an den Spieler stellen. Insgesamt repräsentieren sie die in seinem Klavierwerk generell erkennbare Vorliebe für akkordisch-vollgriffige Satzweisen, für gitarrenähnliche Tremoloklänge und aus der Volksmusik übernommene rhythmische und harmonische Effekte.

Lothar Lechner

Preface

Isaac Albéniz was born in 1860 and from his earliest childhood until he went to live in Paris in 1893 he led an unsettled life. Lengthy concert tours at the age of eight as a pianist and child prodigy alternated with numerous, generally shorter, periods of study of the piano and composition in various countries. His first important lessons with A. F. Marmontel in Paris in 1867 were followed by a short period at the Madrid Conservatoire in 1869. In 1873 Albéniz studied in Leipzig under Carl Reinecke and in 1877 in Brussels with L. Brassin, Fr. A. Gevaert and A. Dupont, until he finally perfected his pianistic technique with Franz Liszt in Budapest in 1880.

In spite of his great success as a touring virtuoso concert pianist, Albéniz is of greater importance as a composer than as a pianist. But the extent to which these two areas of creativity were inextricably linked is evident from the fact that works for piano solo constitute by far the largest part of his compositions. By his use of traditional melodies Albéniz established a Spanish national style in his compositions for piano. As a result of contact with late – 19th – century French composers, his music developed from what started as predominantly virtuoso salon music to an artistically refined style full of impressionistic colour.

His first *Suite espagnole,* op. 47, composed in 1886 (a second suite was to follow in 1889), belongs, as the title suggests, to that part of his work coloured by folk-music and nationalistic elements. With its eight dance movements the work refers musically to Spanish towns and landscapes. The individual pieces differ considerably as far as the technical demands made on the performer are concerned. Taken as a whole they represent the composer's characteristically recognizable preference for large sonorous chords, for guitar-like tremolo sounds and for rhythmic and harmonic effects taken from folk-music.

Lothar Lechner
Translation Susan Jenkinson

Préface

Dès son plus jeune âge, et jusqu'à son installation à Paris en 1893, Isaac Albéniz, né en 1860, mena une vie instable. Des tournées de concerts prolongées, que l'enfant prodige commença dès l'âge de huit ans, alternèrent avec de nombreuses études de piano et de composition, brèves la plupart du temps, dans différents pays. Aux premiers cours importants de Fr. Marmontel à Paris (en 1867) succéda un bref séjour au Conservatoire de Madrid (1869). Albéniz étudia en 1873 à Leipzig auprès de Carl Reinecke, en 1877 auprès de L. Brassin, Fr. A. Gevaert et A. Dupont à Bruxelles, avant de perfectionner enfin son savoir pianistique auprès de Franz Liszt à Budapest en 1880.

Malgré le grand succès qu'il remporta en tant que virtuose de piano au cours de ses tournées, il convient d'accorder une importance plus grande aux compositions Albéniz qu'à son œuvre de pianiste. Cependant, les deux domaines sont étroitement liés, comme le montre le fait que les œuvres pour piano solo constituent la plus grande part de ses ouvrages de composition. Par la reprise de mélodies populaires, Albéniz fonda, avec son œuvre pour piano, un style espagnol national. Plus tard, en contact avec les compositeurs français de la fin du XIXème siècle, il fit la liaison entre une musique de salon principalement virtuose au départ et un style artistiquement affiné de coloris impressionniste.

La première *Suite espagnole* op. 47, composée en 1886 (à laquelle une seconde devait faire suite en 1889), compte, comme le titre l'indique, au nombre de ses œuvres de tendance folklorique nationaliste: avec ses huit mouvements de danse, l'œuvre se réfère musicalement aux villes et aux paysages espagnols. Les divers morceaux se distinguent pour l'essentiel eu égard aux exigences techniques adressées à l'interprète. Dans l'ensemble, ils représentent, nettement reconnaissable à travers son œuvre, la préférence du compositeur pour les phrases aux jeux d'accords pleins, les trémolos rappelant la guitare et les effets rythmiques et harmoniques empruntés à la musique populaire.

Lothar Lechner
Traduction Martine Paulauskas

Suite espagnole

Isaac Albéniz
1860–1909

Granada

Serenata

© 1996 Schott Music GmbH & Co. KG, Mainz

8

Cataluña
Curranda

Sevilla
Sevillanas

Cadiz
Saeta

Asturias
Leyenda

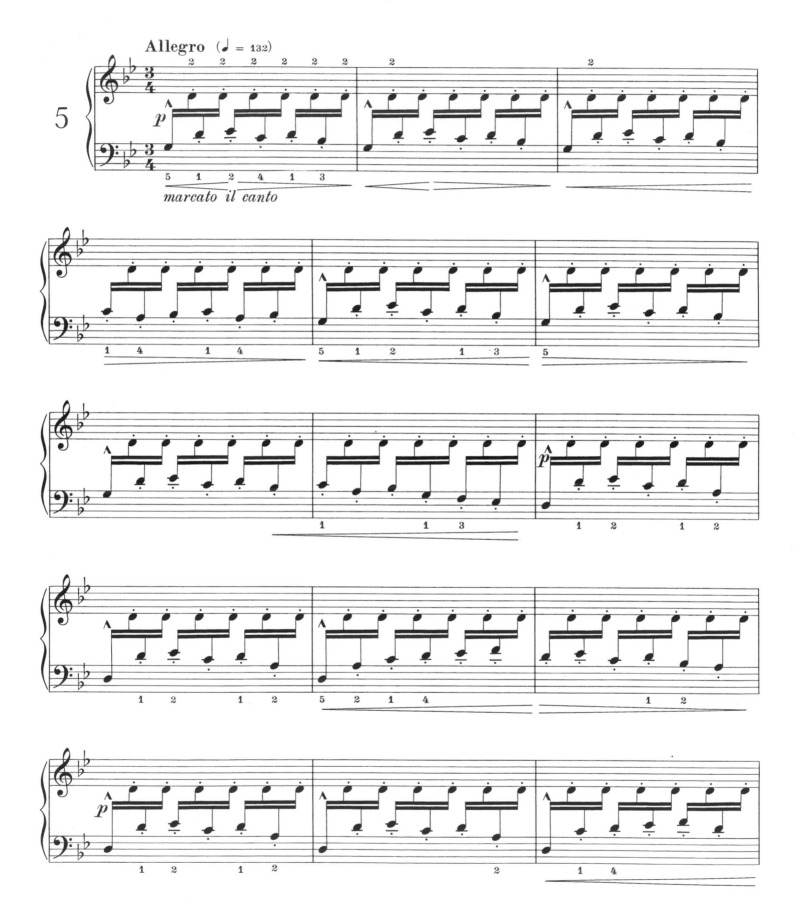

cresc. poco a poco

dim. poco a poco (al p)

Tempo I

marcato il canto

cresc. poco a poco

*sempre**ff***

dim. poco a poco (al p)

mf

p

Aragon
Fantasia

47

Castilla

Seguidillas

53

Cuba

Notturno

60